Alle Jahre wieder – diesmal neu

Fein duften soll es in der Weihnachtszeit und süss schmecken vor allem – aber müssen es jedes Jahr nur Plätzchen sein? Nein, und mit den kleinen Advents- und Weihnachts-Muffins liegen Sie voll im Trend. Die fein gewürzten und hübsch verzierten Minis gelingen ganz leicht und schmecken einfach toll.

CHRISTMAS MUFFINS

Frucht-Xmas-Muffins

Sorgen für Abwechslung auf dem vorweihnachtlichen Gebäckteller.

Preiswert

Zutaten für 24 Mini-Muffins:
Für den Teig:
80 g Trockenfrüchte (Rosinen, Datteln, Feigen usw.)
2 EL Rum (oder Orangensaft)
200 g Mehl
1/2 TL Zimt oder gemahlene Vanille
50 g gehackte Nüsse (z.B. Hasel- oder Walnüsse, Mandeln)
1 1/2 TL Backpulver
1/2 TL Natron • 1 Ei
80 g Zucker oder flüssiger Honig
60 ml Pflanzenöl
250 g Buttermilch, Joghurt oder saure Sahne
Für die Backform:
Fett oder 24 Mini-Papier-Backförmchen
Zum Verzieren:
200 g weiße oder dunkle Kuvertüre
Schoko-, Marzipan- oder Zuckerfigürchen mit Weihnachtsmotiven

- Zubereitungszeit: 40 Min.
- Backzeit: 15-20 Min.

Pro Stück etwa: 545 kJ/130 kcal

1

Den Backofen auf 180° (Umluft 160°) vorheizen. Das Muffinblech fetten und in den Gefrierschrank stellen (Seite 18) oder Papier-Backförmchen aufs Backblech setzen.

2

Die Trockenfrüchte kleinschneiden, mit Rum oder Orangensaft beträufeln. Das Mehl in eine Schüssel geben und mit dem Zimt oder der Vanille, den Nüssen, dem Backpulver und dem Natron sorgfältig vermischen.

3

In einer anderen Schüssel das Ei leicht verquirlen. Den Zucker, das Öl und die Buttermilch, den Joghurt und die Trockenfrüchte dazugeben und gut verrühren. Die Mehlmischung zur Eimasse geben und nur so lange verrühren, bis auch die trockenen Zutaten feucht sind.

4

Den Teig in das Blech oder die Backförmchen füllen. Im Backofen (Mitte) etwa 15 Min. backen. Die Muffins etwa 5 Min. im Backblech ruhen lassen, dann herauslösen (Seite 18) und auf einem Kuchengitter abkühlen lassen.

5

Die Kuvertüre im heißen Wasserbad schmelzen. Die Muffins in die Kuvertüre tauchen und etwas antrocknen lassen (Seite 19). Mit Schoko-, Marzipan- oder Zuckerfigürchen oder -sternen verzieren.

Amaretto-Marzipan-Muffins

Die schmecken auch als Dessert – aber nur Erwachsenen!

Raffiniert

Zutaten für 24 Mini-Muffins:
Für den Teig:
50 g Amaretti (Mandelgebäck)
50 g Marzipan-Rohmasse
250 g Mehl • 1/2 TL Natron
1 1/2 TL Backpulver
1 Ei • 60 g brauner Zucker
60 ml Pflanzenöl oder 100 g weiche Butter • 150 g Buttermilch
100 ml Amaretto (Mandellikör)
5-6 Tropfen Bittermandel-Backaroma
Für die Backform:
Fett oder 24 Mini-Papier-Backförmchen
Zum Verzieren:
200 g weiße Kuvertüre
150 g Marzipan-Rohmasse
80 g Puderzucker • grüne Speisefarbe
1 Packung Perlenzauber

• Zubereitungszeit: 45 Min.
• Backzeit: 15 Min.

Pro Stück etwa: 795 kJ/190 kcal

1

Den Backofen auf 180° (Umluft 160°) vorheizen. Das Muffinblech fetten und in den Gefrierschrank stellen (Seite 18). Oder Papier-Backförmchen aufs Backblech setzen.

2

Die Amaretti in eine Plastiktüte geben, mit einem Teigroller fein zerbröseln. Marzipanmasse kleinschneiden. Das Mehl mit den Amarettibröseln, dem Marzipan, dem Natron und dem Backpulver vermischen.

3

In einer Schüssel das Ei leicht verquirlen. Den Zucker, das Öl, die Buttermilch, den Likör und das Mandelaroma dazugeben und gut verrühren. Die Mehlmischung hinzufügen und nur so lange verrühren, bis auch die trockenen Zutaten feucht sind.

4

Den Teig in das Blech oder die Backförmchen füllen. Im Backofen (Mitte) etwa 15 Min. backen. Die Muffins etwa 5 Min. ruhen lassen, herauslösen (Seite 18) und abkühlen lassen.

5

Die Kuvertüre im heißen Wasserbad schmelzen (Seite 19). Die Muffins eintauchen und gut antrocknen lassen.

6

Das Marzipan mit dem Puderzucker verkneten und mit grüner Speisefarbe einfärben, zwischen Klarsichtfolie dünn ausrollen. Mit einem Ausstecher einen »Tannenbaum« ausstechen und auf die Muffins legen (Seite 18). Mit Zuckerperlen verzieren.

Apfel-Mandel-Muffins

So saftig, dass sie auch am nächsten Tag noch toll schmecken.

Gelingt leicht

Zutaten für 24 Mini-Muffins:
Für den Teig:
2 mittelgroße säuerliche Äpfel
(etwa 200 g)
80 g Marzipan-Rohmasse
200 g Mehl • 1/2 TL Zimt
50 g gehackte Mandeln
1 1/2 TL Backpulver • 1/2 TL Natron
1 Ei • 80 g Zucker • 60 ml Pflanzenöl
100 g Sahne • 100 g Buttermilch
Für die Backform:
Fett oder 24 Mini-Papier-Backförmchen
Zum Verzieren:
150 g Puderzucker
1 TL Zimt • 3-4 EL Zitronensaft
100 g Vollmilchkuvertüre
1 Dose Mini-Äpfel (215 g Abtropfgewicht)

- Zubereitungszeit: 45 Min.
- Backzeit: 15 Min.

Pro Stück etwa: 670 kJ/160 kcal

!

Anstelle der Mini-Äpfel können Sie auch 200 g Marzipan-Rohmasse mit 100 g Puderzucker verkneten und daraus kleine Äpfelchen formen!

1

Den Backofen auf 180° (Umluft 160°) vorheizen. Das Muffinblech fetten und in den Gefrierschrank stellen (Seite18). Oder Papier-Backförmchen aufs Backblech setzen.

2

Die Äpfel schälen, vom Kerngehäuse befreien und grob raspeln. Die Marzipanmasse kleinschneiden. Das Mehl mit dem Marzipan, den Apfelraspeln, dem Zimt, den Mandeln, dem Backpulver und dem Natron sorgfältig vermischen.

3

In einer Schüssel das Ei leicht verquirlen. Den Zucker, das Öl, die Sahne und die Buttermilch gut unterrühren. Die Mehlmischung dazugeben und nur so lange verrühren, bis auch die trockenen Zutaten feucht sind.

4

Den Teig in das Blech oder die Förmchen füllen. Im Backofen (Mitte) etwa 15 Min. backen. Die Muffins etwa 5 Min. im Backblech ruhen lassen, dann herauslösen (Seite 18) und auf einem Kuchengitter gut abkühlen lassen.

5

Den Puderzucker mit Zimt und Zitronensaft glatt verrühren. Muffins darin eintauchen und die Glasur leicht antrocknen lassen (Seite 19). Die Kuvertüre schmelzen (Seite 19). Die Mini-Äpfel zur Hälfte in die Kuvertüre eintauchen und auf die Muffins legen.

Aprikosen-Dattel-Muffins

Mini-Muffins mit orientalischem Geschmack - exotisch und fruchtig!

Braucht etwas Zeit

Zutaten für 24 Mini-Muffins:
Für den Teig:
60 g getrocknete Datteln oder Feigen
60 g getrocknete Aprikosen • 80 g Honig
100 g Butter • 60 g Walnusskerne
200 g Mehl • 1/2 TL Zimt
1 TL gemahlener Ingwer
1 1/2 TL Backpulver • 1/2 TL Natron
1 Ei • 1 Päckchen Vanillezucker
60 ml Pflanzenöl • 150 g Buttermilch
1 EL Rum (nach Belieben)
Für die Backform:
Fett oder 24 Mini-Papier-Backförmchen
Zum Verzieren:
40 g Walnusskerne • 125 g Butter
100 g Honig • 1 1/2 TL Zimt

- Zubereitungszeit: 45 Min.
- Backzeit: 15 Min.

Pro Stück etwa: 930 kJ/220 kcal

!

Als zusätzliche Garnierung 24 Datteln aufschneiden und entkernen. Jeweils 1 Stück Marzipan statt dem Kern reinlegen und die Datteln zur Hälfte in Kuvertüre tauchen. Auf die Muffins legen.

1

Den Backofen auf 180° (Umluft 160°) vorheizen. Das Muffinblech fetten und in den Gefrierschrank stellen (Seite 18). Oder Papier-Backförmchen aufs Backblech setzen.

2

Die Trockenfrüchte kleinschneiden. Mit 50 ml Wasser, Honig und Butter unter Rühren so lange erwärmen, bis eine dickflüssige Masse entstanden ist. Die Nüsse hacken. Das Mehl mit dem Zimt, dem Ingwer, den Nüssen, dem Backpulver und dem Natron vermischen.

3

In einer Schüssel das Ei leicht verquirlen. Den Vanillezucker, das Öl, die Buttermilch, den Rum und die Früchtemasse dazugeben und gut verrühren. Die Mehlmischung zur Eimasse geben und nur so lange verrühren, bis auch die trockenen Zutaten feucht sind.

4

Den Teig in das Blech oder die Förmchen füllen. Im Backofen (Mitte) etwa 15 Min. backen. Die Muffins etwa 5 Min. im Backblech ruhen lassen, dann herauslösen (Seite 18) und abkühlen lassen.

5

Für die Verzierung die Walnüsse hacken. Die Butter mit dem Honig und dem Zimt erhitzen. Die Masse leicht abkühlen lassen und auf die Muffins streichen. Mit Walnüssen bestreuen.

Birnen-Anis-Muffins

Nicht nur zur Weihnachtszeit ein Genuss zum Kaffee!

Gelingt leicht

Zutaten für 24 Mini-Muffins:
Für den Teig:
1 Dose Birnen (180 g Abtropfgewicht)
100 g Mehl
100 g feine Haferflocken
50 g gehackte Mandeln
abgeriebene Schale 1 unbehandelten Zitrone
1 TL gemahlener Anis
1 1/2 TL Backpulver
1/2 TL Natron
1 Ei • 80 g brauner Zucker
60 ml Pflanzenöl
150 g saure Sahne
Für die Backform:
Fett oder 24 Mini-Papier-Backförmchen
Zum Verzieren:
150 g Frischkäse
50 g Puderzucker
abgeriebene Schale 1 unbehandelten Zitrone
24 ganze Anissterne, ganze geschälte Mandeln

- Zubereitungszeit: 40 Min.
- Backzeit: 15 Min.

Pro Stück etwa: 510 kJ/120 kcal

1

Den Backofen auf 180° (Umluft 160°) vorheizen. Das Muffinblech fetten und in den Gefrierschrank stellen (Seite 18). Oder Papier-Backförmchen aufs Backblech setzen.

2

Die Birnen abtropfen lassen (den Saft auffangen) und in kleine Stücke schneiden. Das Mehl mit den Haferflocken, den Birnen, den Mandeln, der Zitronenschale, dem Anis, dem Backpulver und dem Natron sorgfältig vermischen.

3

In einer Schüssel das Ei leicht verquirlen. Den Zucker, das Öl, die saure Sahne und 80 ml Birnensaft gut unterrühren. Die Mehlmischung zur Eimasse geben und nur so lange verrühren, bis die trockenen Zutaten feucht sind.

4

Den Teig in das Blech oder die Förmchen füllen. Im Backofen (Mitte) etwa 15 Min. backen. Die Muffins etwa 5 Min. im Backblech ruhen lassen, dann herauslösen (Seite 18) und abkühlen lassen.

5

Für die Glasur den Frischkäse mit dem gesiebten Puderzucker, 2–3 EL Birnensaft und der Zitronenschale glatt verrühren, auf die Muffins streichen. Jeweils 1 Anissternchen in die Mitte legen und mit Mandeln verzieren.

Cookie-Muffins

Die beliebtesten Kekse Amerikas – einmal auf andere Art genossen!

Schmeckt Kindern

Zutaten für 24 Mini-Muffins:
Für den Teig:
100 g Chocolat Chip Cookies (oder andere Kekse mit Schokostückchen)
150 g Mehl
50 g gehackte Haselnüsse oder Walnüsse
50 g Schokotröpfchen
1 1/2 TL Backpulver
1/2 TL Natron
1 Ei • 80 g brauner Zucker
60 ml Pflanzenöl
100 g saure Sahne
150 ml Schoko-Milchdrink (Fertigprodukt)
Für die Backform:
Fett oder 24 Mini-Papier-Backförmchen
Zum Verzieren:
100 g Vollmilchkuvertüre
150 g Puderzucker
1-2 EL Zitronensaft
Speisefarben
bunte Zuckerperlen
24 Fruchtgummi

- Zubereitungszeit: 50 Min.
- Backzeit: 15 Min.

Pro Stück etwa: 825 kJ/195 kcal

1

Den Backofen auf 180° (Umluft 160°) vorheizen. Das Muffinblech fetten und in den Gefrierschrank stellen (Seite 18). Oder Papier-Backförmchen aufs Backblech setzen.

2

Die Cookies in eine Plastiktüte geben und mit einem Teigroller fein zerbröseln. Das Mehl mit Keksbröseln, Nüssen, Schokotröpfchen, Backpulver und Natron mischen.

3

In einer Schüssel das Ei leicht verquirlen. Den Zucker, das Öl, die saure Sahne und den Milchdrink gut unterrühren. Die Mehlmischung dazugeben und nur so lange verrühren, bis die trockenen Zutaten feucht sind.

4

Den Teig in das Blech oder die Papierförmchen füllen. Im Backofen (Mitte) etwa 15 Min. backen. Die Muffins etwa 5 Min. im Backblech ruhen lassen, herauslösen (Seite 18) und abkühlen lassen.

5

Die Kuvertüre im heißen Wasserbad schmelzen. Die Muffins hineintauchen und antrocknen lassen (Seite 19). Für die Verzierung den Puderzucker mit dem Zitronensaft glatt verrühren und nach Wunsch färben. In den Spritzbeutel füllen, Ornamente auf die Muffins aufmalen (Seite 19). Mit Zuckerperlen und Fruchtgummi verzieren.

Lebkuchen-Muffins

Lebkuchen gehören zu Weihnachten – und schmecken nicht nur pur!

Braucht etwas Zeit

Zutaten für 24 Mini-Muffins:
Für den Teig:
175 g Lebkuchen mit Schokoguss (etwa 5 Stück)
150 g Mehl
50 g gehackte Walnüsse oder Mandeln
50 g Orangeat
50 g Zitronat
1/2 TL Zimt
1 Prise gemahlener Kardamom
1 TL Lebkuchengewürz
1 1/2 TL Backpulver
1/2 TL Natron
1 Ei • 60 g flüssiger Honig
60 ml Pflanzenöl oder 100 g weiche Butter
150 g saure Sahne
150 ml Milch
Für die Backform:
Fett oder 24 Mini-Papier-Backförmchen
Zum Verzieren:
125 g weiche Butter
100 g flüssiger Honig
1 TL Zimt • geschälte Mandeln
Zuckerperlen
12 Cocktailkirschen

- Zubereitungszeit: 40 Min.
- Backzeit: 15 Min.

Pro Stück etwa: 710 kJ/170 kcal

1

Den Backofen auf 180° (Umluft 160°) vorheizen. Das Muffinblech fetten und in den Gefrierschrank stellen (Seite 18). Oder Papier-Backförmchen aufs Backblech setzen.

2

Die Lebkuchen in kleine Stücke schneiden. Das Mehl mit den Lebkuchenstücken, den Walnüssen oder Mandeln, dem Orangeat und Zitronat, den Gewürzen, dem Backpulver und dem Natron sorgfältig vermischen.

3

In einer Schüssel das Ei leicht verquirlen. Den Honig, das Öl oder die Butter, die saure Sahne und die Milch dazugeben und gut verrühren. Die Mehlmischung zur Eimasse geben und so lange verrühren, bis auch die trockenen Zutaten feucht sind.

4

Den Teig in das Blech oder die Förmchen füllen. Im Backofen (Mitte) etwa 15 Min. backen. Die Muffins etwa 5 Min. im Backblech ruhen lassen, dann herauslösen (Seite 18) und abkühlen lassen.

5

Die Butter schmelzen. Den Honig und den Zimt dazugeben und die Glasur unter Rühren leicht erhitzen. Die Muffins mit der Glasur bestreichen und mit Mandeln, Zuckerperlen und den halbierten Cocktailkirschen verzieren.

Muffinsblech vorbereiten

1 Das Muffinblech mit weichem Fett (Butter oder Margarine) einstreichen und etwa 10 Min. ins Gefrierfach stellen. Wer kein Gefrierfach hat, stellt es etwa 30 Min. in den Kühlschrank.

2 Durch diesen Trick lassen sich die Muffins nach dem Backen mühelos aus dem Blech holen. Also nur falls nötig, am Rand mit dem Messer lösen, dann einfach abheben.

Marzipan verarbeiten

1 Damit man Marzipan gut formen kann, verknetet man 200 g Marzipan-Rohmasse mit 100 g Puderzucker. Wer möchte, färbt es teilweise oder ganz mit einigen Tropfen Speisefarbe.

2 Davon nimmt man dann jeweils ein kleines Stück ab und formt daraus kleine Sterne oder andere weihnachtliche Dinge. Ebenfalls möglich: die Masse ausrollen und Motive ausstechen.

Kuvertüre verarbeiten

1 Die Kuvertüre nach dem Abwiegen auf einem Brett mit einem großen Messer in kleine Stücke schneiden. Sie sollen möglichst gleich groß sein, damit sie gleichmäßig schmelzen.

2 Die Stücke kommen dann in ein hitzefestes Gefäß. In einem größeren Topf Wasser warm werden lassen, das Gefäß hineinstellen und die Kuvertüre unter Rühren schmelzen lassen.

3 Werden die ganzen Muffins mit Kuvertüre überzogen, taucht man die Oberseite in die Kuvertüre, stellt die Muffins auf ein Kuchengitter und lässt die Kuvertüre wieder fest werden.

4 Braucht man sie zum Verzieren, kommt sie in den Spritzbeutel. Oder einen Gefrierbeutel nehmen und nach dem Einfüllen eine Ecke abschneiden. Oder eine kleine Spritze (Apotheke).

Nougat-Muffins

In durchsichtiger Folie verpackt sind diese Muffins ein tolles Mitbringsel.

Raffiniert

Zutaten für 24 Mini-Muffins:
Für den Teig:
125 g Nougat
100 g Sahne
50 g Haselnüsse
200 g Mehl
1 1/2 TL Backpulver
1/2 TL Natron
1 Ei • 50 g Zucker
40 ml Pflanzenöl
80 g Buttermilch
Für die Backform:
Fett oder 24 Mini-Papier-Backförmchen
Zum Verzieren:
100 g weiße Kuvertüre
24 Dominosteine
bunte Zuckerschrift
rote und grüne dünne Lakritzstangen

- Zubereitungszeit: 45 Min.
- Backzeit: 15 Min.

Pro Stück etwa: 610 kJ/145 kcal

1

Den Backofen auf 180° (Umluft 160°) vorheizen. Das Muffinblech fetten und in den Gefrierschrank stellen (Seite 18). Oder Papier-Backförmchen aufs Backblech setzen.

2

Das Nougat in kleine Stücke schneiden und in der Sahne schmelzen. Die Masse abkühlen lassen. Die Haselnüsse fein hacken. Das Mehl in eine Schüssel geben und mit den Nüssen, dem Backpulver und dem Natron sorgfältig vermischen.

3

In einer anderen Schüssel das Ei leicht verquirlen. Den Zucker, das Öl, die Nougat-Sahne und die Buttermilch dazugeben und gut verrühren. Die Mehlmischung zur Eimasse geben und nur so lange verrühren, bis auch die trockenen Zutaten feucht sind.

4

Den Teig in das Blech oder die Papierförmchen füllen. Im Backofen (Mitte) etwa 15 Min. backen. Die Muffins etwa 5 Min. im Backblech ruhen lassen, dann herauslösen (Seite 18) und auf einem Kuchengitter gut abkühlen lassen.

5

Die Kuvertüre in Stücke schneiden und im heißen Wasserbad unter Rühren schmelzen (Seite 19). Die obere Hälfte der Muffins darin eintauchen und leicht antrocknen lassen (Seite 19). Jeweils 1 Dominostein darauf setzen. Mit der Zuckerschrift »Geschenkbänder« auf die Muffins malen. Mit einer dünnen Lakritzstange eine kleine »Geschenkschleife« binden, auf die Dominosteine setzen.

Orangen-Kokos-Muffins

Auch als Dessert willkommen – vielleicht mit einem Gläschen Orangenlikör.

Raffiniert

Zutaten für 24 Mini-Muffins:
Für den Teig:
200 g Mehl
50 g Kokosraspel
abgeriebene Schale 1 unbehandelten Orange
50 g Orangeat (nach Belieben)
1 1/2 TL Backpulver • 1/2 TL Natron
1 Ei • 80 g Zucker
60 ml Pflanzenöl
100 ml Orangensaft (am besten frisch gepresst)
150 g Joghurt
1 EL Rum (nach Belieben)
Für die Backform:
Fett oder 24 Mini-Papier-Backförmchen
Zum Verzieren:
150 g Frischkäse
70 g Puderzucker
2-3 EL Zitronensaft
100 g Kokosraspel • 24 Raffaello
Zuckerstreusel oder Zuckerperlen
Mini-Smarties
dunkle Zuckerschrift

- Zubereitungszeit: 50 Min.
- Backzeit: 15 Min.

Pro Stück etwa: 825 kJ/195 kcal

1

Den Backofen auf 180° (Umluft 160°) vorheizen. Das Muffinblech fetten und in den Gefrierschrank stellen (Seite 18). Oder Papier-Backförmchen aufs Backblech setzen.

2

Das Mehl mit den Kokosraspeln, der Orangenschale, dem Orangeat, dem Backpulver und dem Natron mischen.

3

In einer Schüssel das Ei leicht verquirlen. Den Zucker, das Öl, den Orangensaft, den Joghurt und eventuell den Rum gut unterrühren. Die Mehlmischung dazugeben und nur so lange verrühren, bis die trockenen Zutaten feucht sind.

4

Den Teig in das Blech oder die Papierförmchen füllen. Im Backofen (Mitte) etwa 15 Min. backen. Die Muffins etwa 5 Min. ruhen lassen, herauslösen (Seite 18) und abkühlen lassen.

5

Den Frischkäse mit dem Puderzucker und dem Zitronensaft glattrühren. Die Muffins damit bestreichen und mit Kokosraspeln und Zuckerperlen bestreuen. Einer Raffaello-Kugel je 2 Smarties als »Augen« auf den »Kopf« legen und mit Zuckerschrift einen »Mund« aufmalen. Diesen »Kopf« auf den Muffin setzen.

Punsch-Muffins

An kalten Wintertagen wärmen Weihnachtspunsch-Minis mächtig auf!

Für Heiligabend

Zutaten für 24 Mini-Muffins:
Für den Teig:
250 g Mehl
1/2 TL Zimt • 1 Msp. Nelkenpulver
1 TL Schale und 1 EL Saft 1 unbehandelten Zitrone
1 TL Schale und 2 EL Saft 1 unbehandelten Orange
1 1/2 TL Backpulver • 1/2 TL Natron
1 Ei • 100 g Zucker
60 ml Pflanzenöl
100 ml Rotwein
150 g saure Sahne
Für die Backform:
Fett oder 24 Mini-Papier-Backförmchen
Zum Tränken:
8 EL Rotwein
Zum Verzieren:
150 g Puderzucker • 3 EL Rotwein
1-2 EL Zitronensaft

- Zubereitungszeit: 50 Min.
- Backzeit: 15 Min.

Pro Stück etwa: 470 kJ/110 kcal

!

Wenn Kinder mitessen, ersetzen Sie den Rotwein durch roten Traubensaft.

1

Den Backofen auf 180° (Umluft 160°) vorheizen. Das Muffinblech fetten und in den Gefrierschrank stellen (Seite 18). Oder Papier-Backförmchen aufs Backblech setzen.

2

Das Mehl mit den Gewürzen, der Zitronen- und Orangenschale, dem Backpulver und dem Natron sorgfältig vermischen. In einer Schüssel das Ei leicht verquirlen. Den Zucker, das Öl, den Zitronen- und Orangensaft, den Rotwein und die saure Sahne dazugeben und gut verrühren. Die Mehlmischung dazugeben und nur so lange verrühren, bis auch die trockenen Zutaten feucht sind.

3

Den Teig in das Blech oder die Papierförmchen füllen. Im Backofen (Mitte) etwa 15 Min. backen. Die Muffins etwa 5 Min. im Backblech ruhen lassen, herauslösen (Seite 18) und gut abkühlen lassen. Die Minis mit einem Zahnstocher mehrmals einstechen und mit jeweils 1 TL Rotwein tränken.

4

Für die Glasur 150 g Puderzucker mit dem Rotwein glatt verrühren. Die obere Hälfte der Muffins in die Glasur tauchen (Seite 19). Für die Verzierung den übrigen Puderzucker mit dem Zitronensaft verrühren und in eine Plastiktüte füllen. Eine Spitze abschneiden und »Schneeflocken« als Ornamente auf die Muffins malen (Seite 19).

Schneehäuschen-Muffins

Sehen aus wie kleine Hütten im Schnee – eine besondere Freude für Kinder.

Für den Advent:

Zutaten für 24 Mini-Muffins:
Für den Teig:
100 g Butterkekse
150 g Mehl • 1 EL Kakaopulver
60 g Schokotröpfchen
1 1/2 TL Backpulver
1/2 TL Natron
1 Ei • 100 g brauner Zucker
100 g weiche Butter
200 g Buttermilch
Für die Backform:
Fett oder 24 Mini-Papier-Backförmchen
Zum Verzieren:
100 g Vollmilchkuvertüre
24 Dominosteine oder Pralinen
48 Mini-Schoko-Butterkekse
Puderzucker oder Dekor-Schnee

- Zubereitungszeit: 45 Min.
- Backzeit: 15 Min.

Pro Stück etwa: 700 kJ/165 kcal

!

Noch mehr Deko: Jeweils 1 flache Rosine an das obere Ende eines Zahnstochers stecken und von diesen »Miniskistöcken« jeweils 2 in den Muffin stecken. Mit Gummibärchen verzieren.

1

Den Backofen auf 180° (Umluft 160°) vorheizen. Das Muffinblech fetten und in den Gefrierschrank stellen (Seite 18). Oder Papier-Backförmchen aufs Backblech setzen.

2

Die Butterkekse in eine Plastiktüte geben. Mit dem Nudelholz zerbröseln. Das Mehl mit den Keksbröseln, dem Kakao, den Schokotröpfchen, dem Backpulver und dem Natron mischen.

3

In einer Schüssel das Ei leicht verquirlen. Den Zucker, die Butter und die Buttermilch gut unterrühren. Die Mehlmischung dazugeben und nur so lange verrühren, bis die trockenen Zutaten feucht sind.

4

Den Teig in das Blech oder die Papierförmchen füllen. Im Backofen (Mitte) etwa 15 Min. backen. Die Muffins etwa 5 Min. ruhen lassen, herauslösen (Seite 18) und abkühlen lassen.

5

Die Kuvertüre im heißen Wasserbad schmelzen (Seite 19). Die obere Hälfte der Muffins darin eintauchen und leicht antrocknen lassen (Seite 19). Jeweils 1 Dominostein oder 1 Praline auf die Mini-Muffins setzen. Dann zwei Butterkekse als Dächlein darauf setzen. Bei Bedarf mit Kuvertüre aneinanderkleben. Mit Puderzucker oder Dekor-Schnee bestreuen.

Spekulatius-Mandel-Muffins

Ein beliebtes Rentier, das den Nikolaus auf süsse Art ankündigt.

Schmeckt Kindern

Zutaten für 24 Mini-Muffins:
Für den Teig:
100 g Spekulatius
150 g Mehl
50 g gehackte Mandeln
1/2 TL Zimt • 1 Msp. Nelkenpulver
1 Msp. frisch geriebene Muskatnuss
1 1/2 TL Backpulver • 1/2 TL Natron
1 Ei • 80 g brauner Zucker
60 ml Pflanzenöl • 250 g Buttermilch
Für die Backform:
Fett oder 24 Mini-Papier-Backförmchen
Zum Verzieren:
2 Bögen essbares Papier (aus Gummimasse)
48 Zuckerperlen
12 Maraschinokirschen
Puderzucker

- Zubereitungszeit: 45 Min.
- Backzeit: 15 Min.

Pro Stück etwa: 980 kJ/235 kcal

1

Den Backofen auf 180° (Umluft 160°) vorheizen. Das Muffinblech fetten und in den Gefrierschrank stellen (Seite 18). Oder Papier-Backförmchen aufs Backblech setzen.

2

Die Spekulatius in eine Plastiktüte geben, mit dem Nudelholz darüber rollen und die Kekse zu feinen Bröseln zerdrücken. Das Mehl mit den Keksbröseln, den Mandeln, den Gewürzen, dem Backpulver und dem Natron sorgfältig vermischen.

3

In einer Schüssel das Ei leicht verquirlen. Den Zucker, das Öl und die Buttermilch dazugeben und gut verrühren. Die Mehlmischung zur Eimasse geben und nur so lange verrühren, bis auch die trockenen Zutaten feucht sind.

4

Den Teig in das Blech oder die Backförmchen füllen. Im Backofen (Mitte) etwa 15 Min. backen. Die Muffins etwa 5 Min. im Backblech ruhen lassen, dann herauslösen (Seite 18) und auf einem Kuchengitter leicht abkühlen lassen.

5

Für die Dekoration das Papier in der Mitte falten und längs durchschneiden. Die zwei Hälften wiederum in der Mitte längsfalten und jeweils 2 Elchgeweihstückchen herausschneiden. Die unteren Enden umklappen. Mit einem Messer 2 mal schräg in die Muffinoberseite einstechen und die Geweihe hineinstecken. Jeweils zwei Zuckerperlen befeuchten, als Äuglein auf die Muffins legen. Die Kirschen halbieren und je 1 Kirschhälfte als Nase auf die Mini-Muffins setzen. Mit Puderzucker bestäuben.

Stollen-Muffins

Für alle die gern Stollen mögen, aber nur ein Stückchen.

Braucht etwas Zeit

Zutaten für 24 Mini-Muffins:
Für den Teig:
200 g Mehl • 50 g gehackte Mandeln
50 g Orangeat • 50 g Zitronat
1/2 TL Zimt • 1/2 TL Natron
1 1/2 TL Backpulver
1 Ei • 80 g brauner Zucker
60 ml Pflanzenöl
1 Packung Rum-Rosinen (125 g)
220 g Buttermilch
Für die Backform:
Fett oder 24 Mini-Papier-Backförmchen
Zum Verzieren:
300 g Puderzucker • 5-6 EL Zitronensaft
grüne Speisefarbe • 100 g Kokosraspel
bunte Zuckerperlen oder Mini-Schokolinsen
1 EL Kakaopulver
1 Karambole (Sternfrucht)

- Zubereitungszeit: 50 Min.
- Backzeit: 15 Min.

Pro Stück etwa: 665 kJ/160 kcal

1

Den Backofen auf 180° (Umluft 160°) vorheizen. Das Muffinblech fetten und in den Gefrierschrank stellen (Seite 18). Oder Papier-Backförmchen aufs Backblech setzen.

2

Das Mehl mit den Mandeln, dem Orangeat, dem Zitronat, dem Zimt, dem Natron und dem Backpulver mischen. In einer Schüssel das Ei leicht verquirlen. Den Zucker, das Öl, die Rum-Rosinen und die Buttermilch gut unterrühren. Die Mehlmischung dazugeben und nur so lange verrühren, bis die trockenen Zutaten feucht sind.

3

Den Teig in das Blech oder die Backförmchen füllen. Im Backofen (Mitte) etwa 15 Min. backen. Die Muffins etwa 5 Min. im Backblech ruhen lassen, herauslösen (Seite 18) und abkühlen lassen.

4

3 Muffins als Dreieck auf einem Teller platzieren. 4 weitere Mini-Muffins durchschneiden. Sechs Hälften als Bäumchen neben die Muffins platzieren. 1 Mini-Muffinhälfte als Stamm an das Muffin-Bäumchen setzen. Die letzte Hälfte als Baumkrone oben an die restlichen Muffins legen.

5

Den Puderzucker mit dem Zitronensaft glatt verrühren. Drei Viertel mit grüner Speisefarbe einfärben und auf die Muffins streichen. Mit Kokosraspeln bestreuen und Zuckerperlen als »Kugeln« auf das Bäumchen setzen. Den restlichen Guss mit Kakao einfärben und auf den »Baumstamm« streichen. Die Karambole in Scheibchen schneiden. Je ein Sternchen als Baumkrone aufsetzen.

Zimtstern-Muffins

Schön zimtig und wunderbar saftig – ideal zum Vorbereiten!

Gelingt leicht

Zutaten für 24 Mini-Muffins:
Für den Teig:
180 g Mehl • 1 1/2 TL Zimt
80 g gemahlene Mandeln
1 1/2 TL Backpulver
1/2 TL Natron
1 Ei • 100 g brauner Zucker
60 ml Pflanzenöl
2 EL Zitronensaft
250 g saure Sahne
Für die Backform:
Fett oder 24 Mini-Papier-Backförmchen
Zum Verzieren
300 g Puderzucker
1/2 TL Zimt
5-7 EL Zitronensaft oder Rosenwasser (aus der Apotheke)
rote und grüne Speisefarbe
24 Sternenkekse aus Mürbeteig
1 Packung Perlenzauber

- Zubereitungszeit: 45 Min.
- Backzeit: 15 Min.

Pro Stück etwa: 725 kJ/175 kcal

!

Verzieren Sie die Mini-Muffins alternativ mit jeweils 1 Zimtstern.

1

Den Backofen auf 180° (Umluft 160°) vorheizen. Das Muffinblech fetten und in den Gefrierschrank stellen (Seite 18). Oder Papier-Backförmchen aufs Backblech setzen.

2

Das Mehl mit dem Zimt, den Mandeln, dem Backpulver und dem Natron mischen. In einer Schüssel das Ei leicht verquirlen. Den Zucker, das Öl, den Zitronensaft und die saure Sahne gut unterrühren. Die Mehlmischung dazugeben und nur so lange verrühren, bis die trockenen Zutaten feucht sind.

3

Den Teig in das Blech oder die Backförmchen füllen. Im Backofen (Mitte) etwa 15 Min. backen. Die Muffins etwa 5 Min. ruhen lassen, herauslösen (Seite 18) und abkühlen lassen.

4

150 g Puderzucker mit Zimt und 3–4 EL Zitronensaft glatt verrühren. Die Muffins eintauchen und leicht antrocknen lassen (Seite 19). Den restlichen Puderzucker mit dem übrigen Zitronensaft verrühren und in 2 Schüsselchen aufteilen. In die eine Schüssel rote, in die andere grüne Speisefarbe hinzufügen und unterrühren. Die beiden Glasuren in 2 Gefriertüten füllen. Von jeder Tüte die Spitze abschneiden (Seite 19). Die Kekse damit verzieren, mit Perlen dekorieren und auf die Muffins setzen.

Impressum

➤ *Temperaturangaben*

bei Gasherden variieren von Hersteller zu Hersteller. Welche Stufe Ihres Herdes der jeweils angegebenen Temperatur entspricht, entnehmen Sie bitte der Gebrauchsanweisung. Bei Elektroherden können die Backzeiten je nach Herd variieren.

Redaktion: Catharina Wilhelm | *Lektorat:* Cornelia Schinharl | *Umschlaggestaltung:* independent Medien-Design / Claudia Fillmann | *Titelfoto:* Food Photography Eising / Martina Görlach | *Innenfotos:* Kai Mewes | *Grafik:* Studio Greif | *Herstellung:* Sandra Stiefel | *Satz:* Computersatz Wirth | *Reproduktionen:* Penta Repro | *Druck und Bindung:* Alcione

ISBN: 3-7742-2207-X

Auflage:	5.	4.	3.	2.
Jahr:	2004	2003	2002	2001